Clémence Roquefort

Frische Obst- & Gemüsesäfte aus dem Entsafter

Fotos von Amandine Honegger
Styling von Sylvie Rost

Mit gesunden Säften fit durchs Jahr

FRÜHLING

Apfel-Erdbeer-Saft mit Rhabarber 10
Frühlingssaft mit Erbsen, Fenchel und Minze 11
Cocktail aus roten Früchten und grünem Tee 12
Karottensaft mit Salat, Orange und Sellerie 13
Gurkensaft mit Radieschen 14
Brokkolisaft mit Salat 15
Bananen-Kiwi-Saft 16
Zitronen-Orangen-Saft mit Honig und Kurkuma 18
Apfelsaft mit Rettich 19
Gurkensaft mit Spargel und Karotte 20
Avocadonektar mit Kiwi 21
Radieschensaft mit Roter Bete 22
Orangensaft mit Rhabarber und Basilikum 23
Apfelsaft mit Weißkohl und Karotte 24
Saft aus Karottengrün 25
Apfelsaft mit Rotkohl und Radieschen 26
Wurzelgemüsesaft 27
Nektar aus roten Früchten 28
Weizengrassaft 30
Grapefruitsaft mit Spinat 31
Apfelcocktail mit Kiwi und Spinat 32
Petersiliensaft 34
Gurkensaft mit Apfel, Salat und Rettich 35
Spinatdrink mit Orange und Kurkuma 36
Grüner Saft mit Gurke, Fenchel und Sellerie 37
Rote-Bete-Saft mit Granatapfel, Zitrone und Petersilie 38
Cranberrysaft mit Erdbeeren, Himbeeren und Basilikum 39
Erdbeersaft mit Matcha 40
Spinatdrink mit Kräutern 41

SOMMER

Gurken-Zitronen-Saft 42
Tomaten-Karotten-Saft 44
Apfelsaft mit Brombeeren 45
Orangensaft mit Aprikose und Ananas 46
Melonensaft mit Orange und Kurkuma 48
Gurkensaft mit Rucola und Koriander 49
Ananassaft mit roten Früchten 50
Calisson-Cocktail 52
Roter Saft mit Basilikum 53
Tomatencocktail mit Wassermelone und Minze 54
Melonensaft mit Himbeeren und Maracuja 55
Erdbeernektar mit Banane 56
Nektarinensaft mit Erdbeeren und Himbeeren 58
Himbeer-Mandel-Drink 59
Wassermelonendrink mit Heidelbeeren 60
Gazpacho 61
Bananennektar mit Aprikose 62
Wassermelonendrink mit Paprika und Minze 64
Kirschsaft mit Birne und Orangenblütenwasser 65
Wassermelonensaft mit Gurke, Ananas und Minze 66
Grüner Saft mit Ananas 67
Tomatensaft mit Basilikum 68
Gurkensaft mit Brokkoli und Petersilie 70

Tomatensaft mit Paprika und Sellerie . . . 72
Melonen-Gurken-Drink . . . 73
Zucchinidrink mit Apfel und Minze . . . 74
Gemüsepfannkuchen . . . 74
Gemüsekuchen mit Nüssen . . . 76

HERBST

Birnennektar mit Banane . . . 78
Karottensaft mit Apfel und Roter Bete . . . 79
Orangensaft mit Kohl, Apfel und Zitrone . . . 80
Orangensaft mit zweierlei Trauben . . . 81
Apfelsaft mit Gurke und Fenchel . . . 82
Feldsalat-Cocktail mit Feige und Basilikum . . . 84
Grünkohlsaft mit Birne . . . 85
Mangoldsaft mit Apfel . . . 86
Mandeldrink mit Feigen . . . 87
Grüner Saft mit Minze . . . 88
Apfel-Karotten-Cocktail mit Kokos und Ingwer . . . 90
Feigendrink mit Trauben . . . 91
Kürbissaft mit Karotte und Gewürzen . . . 92
Brokkolidrink mit Trauben, Kiwi und Minze . . . 93
Fencheldrink mit Orange, Apfel und Karotte . . . 94
Kürbisdrink mit Apfel und Orange . . . 96
Apfelsaft mit Birne und Zimt . . . 97
Karottensaft mit Gurke und Spinat . . . 98
Birnensaft mit Pflaumen . . . 99
Rote-Bete-Saft mit Gurke . . . 100
Karottendrink mit Sellerie, Roter Bete und Petersilie . . . 102
Apfelsaft mit Grünkohl und Sellerie . . . 103
Apfelsaft mit Birne und Pflaume . . . 104
Brombeersaft mit Birne und Trauben . . . 105
Apfelpunsch mit Gewürzen . . . 106
Vegane Muffins mit Karotte und Apfel . . . 108
Karottensaft mit Apfel und Ingwer . . . 108
Pfannkuchen . . . 110
Orangendrink mit Apfel und Karotte . . . 110

WINTER

Multivitaminsaft mit Orange, Zitrone, Apfel und Karotte . . . 112
Rote-Bete-Saft mit Rotkohl, Apfel und Ingwer . . . 113
Ananassaft mit Vanille . . . 114
Pastinaken-Karotten-Drink . . . 115
Apfelsaft mit Grünkohl . . . 116
Rotkohldrink mit Sellerie . . . 118
Blumenkohlsaft mit Apfel und Kurkuma . . . 119
Brokkoli-Cocktail mit Apfel, Sellerie, Zitrone und Ingwer . . . 120
Exotischer Cocktail . . . 121
Apfelsaft mit Orange, Granatapfel und Sellerie . . . 122
Karottensaft mit Grapefruit und Ingwer . . . 124
Apfelsaft mit Cranberrys und Ingwer . . . 125
Orangensaft mit Roter Bete, Karotte und Ingwer . . . 126
Apfelsaft mit Sellerie und Petersilie . . . 127
Apfel-Granatapfel-Drink mit Zitrusfrüchten . . . 128
Karottendrink mit Kiwi, Clementine und Orange . . . 130
Rote-Bete-Saft mit Zitrusfrüchten und Ingwer . . . 131
Apfelsaft mit Karotte und Ananas . . . 132
Apfelsaft mit Rübchen . . . 134
Papayadrink mit Karotte und Orange . . . 135
Orangensaft mit Gewürzen . . . 136
Bananennektar mit Ananas, Mango und Kokos . . . 137
Zitrus-Mix . . . 138

Verwendungsmöglichkeiten für Pressrückstände . . . 74, 76, 108, 110

Frische Säfte voller Geschmack und Vitamine

Saft ist gesund!

Entsafter mit langsamer Rotation, auch Slow-Juicer genannt, sind bei Liebhabern gesunder Küche immer mehr im Kommen. Wenn Sie jeden Tag verschiedene Obst- und Gemüsesorten zu sich nehmen und in den vollen Genuss ihrer Inhaltsstoffe kommen wollen, ist so ein Gerät eine lohnende Anschaffung.

Der Slow-Juicer zerkleinert die Lebensmittel schonend und presst den Saft mechanisch heraus. Obst und Gemüse werden nicht erhitzt. Dadurch behalten sie ihre positiven Eigenschaften, und Vitamine, Spurenelemente und Mineralien werden geschont.

Der Hauptvorteil eines Slow-Juicers gegenüber einer Zentrifuge oder einem Mixer ist die langsame Rotation der Schnecke. Sie bewirkt, dass weniger Sauerstoff in den Saft gelangt. Er oxidiert langsamer, und die Vitamine bleiben länger erhalten als in einem Saft, der mit Zentrifugalkraft gewonnen wird.

Maximale Ausbeute und intensiver Geschmack

Mit dem Slow-Juicer gewinnen Sie einen konzentrierten Saft, der reich an Geschmack und wertvollen Inhaltsstoffen ist. Die Ausbeute ist um 10 bis 30 % höher als mit einer Zentrifuge: Oft benötigt man nur zwei Stücke Obst oder Gemüse, um ein Glas Saft zu füllen, denn durch den Druck des Geräts wird dem Obst oder Gemüse nahezu die gesamte Flüssigkeit entzogen. So erhalten Sie einerseits einen köstlichen Saft und andererseits einen sehr trockenen Trester, der für den Kompost fast zu schade ist, denn er eignet sich gut für Gemüsepasteten,

Pfannkuchen und andere Zubereitungen. Fast alle Obst- und Gemüsesorten können entsaftet werden: Apfel, Birne, Orange, Zitrone, Papaya, Passionsfrucht, aber auch Gurke, Spinat, Karotte, Kürbis oder Rettich. Die Auswahl ist enorm.

Rezepte für Slow-Juicer aller Art

In diesem Buch finden Sie 140 Rezepte für Säfte und Pflanzendrinks sowie Zubereitungsvorschläge für den Trester. Je nach verwendetem Modell wird sich die Motorleistung auf die Saftausbeute auswirken. Deshalb probieren Sie am besten aus, welche Glasgröße am besten zu Ihrem Slow-Juicer passt.

Tipps zur Verwendung

Es empfiehlt sich, Obst und Gemüse in Stücke zu schneiden und abwechselnd in das Gerät einzufüllen, damit schon beim Pressen eine Mischung entsteht. Sie benötigen etwa 300 g Obst und Gemüse für ein Glas mit 200–250 ml.

Fruchtsäfte sind köstlich, aber geben Sie möglichst auch Gemüse dazu, um ein gesünderes und mineralstoffreiches Getränk zu erhalten. Eine Handvoll Spinat oder ein paar Blätter Grünkohl reichen oft schon aus.

Wenn Sie eigene Mischungen ausprobieren wollen, beginnen Sie mit höchstens drei Zutaten. Reinigen Sie Ihren Slow-Juicer sofort nach dem Gebrauch. Wenn die Faserstoffe angetrocknet sind, ist die Reinigung viel mühsamer. Nehmen Sie das Gerät auseinander und spülen Sie die Teile mit klarem Wasser ab. Für schwer zugängliche Stellen können Sie eine kleine Bürste verwenden.

Apfel-Erdbeer-Saft mit Rhabarber

ZUBEREITUNGSZEIT 

FÜR 1 GROSSES GLAS

2 Stangen Rhabarber

2 Äpfel

50 g Erdbeeren

Den Rhabarber schälen und in kleine Stücke schneiden, den Apfel waschen und vierteln.

Die Erdbeeren waschen und putzen.

Abwechselnd in den Entsafter geben.

Rhabarber enthält lange Fasern, darum muss er in kleine Stücke geschnitten werden.

Frühlingssaft mit Erbsen, Fenchel und Minze

ZUBEREITUNGSZEIT 00:05

FÜR 1 GROSSES GLAS

3 Schoten junge Erbsen
½ Knolle Fenchel
1 Apfel
3 Blätter Minze

Die Erbsen enthülsen. Apfel und Fenchel waschen und in Stücke schneiden.

Zusammen mit den gewaschenen Minzeblättern entsaften.

Zuletzt die Erbsenhülsen in den Entsafter geben.

Fenchel enthält neben den Vitaminen A, B und C wertvolle Mineralien wie Kalium und Magnesium sowie die Spurenelemente Eisen und Zink.

Cocktail aus roten Früchten und grünem Tee

ZUBEREITUNGSZEIT 00:05

FÜR 1 GROSSES GLAS

½ TL grüne Teeblätter

150 ml kochendes Wasser

50 g Kirschen

50 g Erdbeeren

50 g Himbeeren

Den grünen Tee in ein Schälchen geben.

Mit dem kochenden Wasser übergießen und 3 Minuten ziehen lassen.

Abgießen und den Tee abkühlen lassen.

Kirschen, Erdbeeren und Himbeeren waschen. Die Kirschen entsteinen, die Erdbeeren putzen.

Alle Früchte entsaften, zuletzt den abgekühlten Tee ins Gerät geben.

Gekühlt genießen.

Wer keinen grünen Tee mag, kann stattdessen auch einen schwarzen Tee, z. B. Darjeeling, oder weißen Tee verwenden.

Karottensaft mit Salat, Orange und Sellerie

ZUBEREITUNGSZEIT 00:05

FÜR 1 GROSSES GLAS

1 Karotte
1 Stange Sellerie
1 Orange
1 Kopf Salat

Karotte und Sellerie waschen und in Stücke schneiden, die Orange schälen, den Salat waschen und putzen.

Obst und Gemüse abwechselnd in den Entsafter geben.

Wenn Sie knallige Farben mögen, können Sie gern auch eine Blutorange für den Saft nehmen.

Gurkensaft mit Radieschen

ZUBEREITUNGSZEIT 00:05

FÜR 1 GROSSES GLAS

1 Gurke
¼ Knolle Fenchel
5 Radieschen
¼ Bio-Zitrone

Gurke und Fenchel waschen und in Stücke schneiden.

Abwechselnd mit gewaschenen Radieschen und Zitrone (ungeschält) in den Entsafter geben.

Statt Fenchel können Sie auch eine Stange Sellerie verwenden. Sie steuert einen feinen mild-salzigen Geschmack bei.

Brokkolisaft mit Salat

ZUBEREITUNGSZEIT 00:05

FÜR 1 GROSSES GLAS

1 Handvoll Salatblätter
50 g Brokkoli
½ Limette
1 säuerlicher Apfel

Die Salatblätter waschen. Den Brokkoli waschen und in Röschen zerteilen.

Die Limette schälen und in Stücke schneiden. Den Apfel waschen und grob würfeln.

Alles in den Entsafter geben, um einen hellgrünen Saft zu gewinnen.

Brokkoli enthält die Vitamine C, K und B9 sowie zahlreiche Mineralien und Spurenelemente. Seine Schwefelverbindungen sollen vor einigen Krebserkrankungen schützen.

Bananen-Kiwi-Saft

ZUBEREITUNGSZEIT 00:05

FÜR 1 GROSSES GLAS

1 Banane
2 Kiwis
100 ml Wasser

Das grobe Sieb in den Entsafter einsetzen.

Banane und Kiwis schälen und in Stücke schneiden.

Zuerst die Banane in den Entsafter geben, dann die Kiwis.

Zuletzt das Wasser zufügen.

Wenn der Saft zu dick ist, können Sie etwas kaltes Wasser oder einige Eiswürfel zugeben.

Zitronen-Orangen-Saft mit Honig und Kurkuma

ZUBEREITUNGSZEIT 00:05

FÜR 1 GROSSES GLAS

2 Zitronen
1 Orange
1 Stück Kurkumawurzel (2 cm)
½ TL Honig

Zitronen, Orange und Kurkuma schälen.

Abwechselnd in den Entsafter geben.

Den Saft mit dem Honig verrühren.

Gekühlt servieren.

Wer es etwas pikanter mag, ersetzt die Kurkuma durch ein kleines Stück Ingwerwurzel.

Apfelsaft mit Rettich

ZUBEREITUNGSZEIT 00:05

FÜR 1 GROSSES GLAS

1 Stück Rettich (5 cm)
2 Äpfel
1 Karotte

Den Rettich schälen und in Stücke schneiden.

Äpfel und Karotte waschen. Die Äpfel vierteln, die Karotte in Stücke schneiden.

Abwechselnd in den Entsafter geben.

Rettich besitzt antibakterielle Inhaltsstoffe und wirkt sich wohltuend auf das Verdauungssystem aus. Dank seines hohen Vitamin-C-Gehalts ist er ein hervorragendes Mittel gegen Müdigkeit.

Gurkensaft mit Spargel und Karotte

ZUBEREITUNGSZEIT 

FÜR 1 GROSSES GLAS

½ Gurke
1 Karotte
6 Stangen grüner Spargel

Gurke und Karotte schälen und in Stücke schneiden.

Abwechselnd mit den ganzen, gewaschenen Spargelstangen in den Entsafter geben.

Wählen Sie gerade, glatte Spargelstangen mit fest geschlossenen Köpfen. Dünne Stangen sind besonders zart und delikat.

Avocadonektar mit Kiwi

ZUBEREITUNGSZEIT 00:05

FÜR 1 GROSSES GLAS

1 Avocado
1 Kiwi
100 ml Mandeldrink

Das grobe Sieb in den Entsafter einsetzen.

Avocado und Kiwi schälen und entsaften.

Den Mandeldrink mit dem Saft verrühren.

Avocados kann man auch gefroren kaufen. Das ist praktisch, denn dann hat man immer perfekt gereifte Exemplare zur Hand.

Radieschensaft mit Roter Bete

ZUBEREITUNGSZEIT 00:05

FÜR 1 GROSSES GLAS

4 Radieschen
¼ Rote Bete
1 Orange
2 Karotten

Die Radieschen waschen. Rote Bete und Orange schälen. Die Karotten waschen.

Alle Zutaten in Stücke schneiden.

Abwechselnd in den Entsafter geben.

Achtung, Rote Bete färben die Hände. Vielleicht möchten Sie Handschuhe anziehen?

Orangensaft mit Rhabarber und Basilikum

ZUBEREITUNGSZEIT 00:05

FÜR 1 GROSSES GLAS

2 Stangen Rhabarber
1 Orange
5 Blätter Basilikum

Rhabarber und Orange schälen und in Stücke schneiden.

Abwechselnd mit dem Basilikum in den Entsafter geben.

Da Rhabarber viele Fasern enthält, schneiden Sie ihn am besten in kleine Stücke und geben ihn zuletzt in den Entsafter, um das Gerät nicht zu verstopfen.

Rhabarber ist reich an Kalium und enthält viele Ballaststoffe, die wichtig für eine gesunde Verdauung sind.

Apfelsaft mit Weißkohl und Karotte

ZUBEREITUNGSZEIT 00:05

FÜR 1 GROSSES GLAS

100 g Weißkohl
1 Apfel
1 Karotte

Weißkohl, Apfel und Karotte waschen und in Stücke schneiden.

Abwechselnd in den Entsafter geben.

Weißkohl ist nährstoffreich und kalorienarm. Er besitzt antibakterielle Inhaltsstoffe und soll helfen, Magenbeschwerden zu lindern.

Saft aus Karottengrün

ZUBEREITUNGSZEIT 00:05

FÜR 1 GROSSES GLAS

1 Handvoll Karottengrün
2 Karotten
1 Stück Ingwerwurzel (1 cm)
¼ Bio-Zitrone

Das Karottengrün gründlich waschen.

Die Karotten waschen und in Stücke schneiden. Den Ingwer schälen.

Alles mit der Zitrone (ungeschält) in den Entsafter geben.

Wenn der Saft milder und süßlicher sein soll, ersetzen Sie eine Karotte durch eine Saftorange.

Apfelsaft mit Rotkohl und Radieschen

ZUBEREITUNGSZEIT 00:05

FÜR 1 GROSSES GLAS

100 g Radieschen
½ Rotkohl
1 Apfel

Die Radieschen waschen. Apfel und Rotkohl waschen und in Stücke schneiden.

Alles in den Entsafter geben.

Rotkohl enthält wertvolle Ballaststoffe, nennenswerte Mengen der Vitamine C und B9 sowie Kalium.

Wurzelgemüsesaft

ZUBEREITUNGSZEIT  00:05

FÜR 1 GROSSES GLAS

½ rohe Rote Bete
½ Rettich
1 Zitrone
½ Knolle Fenchel
1 Apfel

Rote Bete, Rettich und Zitrone schälen.

Fenchel und Apfel waschen.

Alles Gemüse und den Apfel in Stücke schneiden.

Abwechselnd in den Entsafter geben.

Rote Beten enthalten pro 100 Gramm etwa 40 Kalorien. Sie sind reich an Vitamin B und C und liefern außerdem zahlreiche Flavonoide. Diesen Antioxidantien verdanken sie ihre intensive Farbe.

Nektar aus roten Früchten

ZUBEREITUNGSZEIT 

FÜR 1 GROSSES GLAS

50 g Erdbeeren
30 g Johannisbeeren
50 g Himbeeren

Das grobe Sieb in den Entsafter einsetzen.

Die Erdbeeren waschen und putzen.

Die Johannisbeeren waschen und von den Stielen zupfen. Die Himbeeren waschen.

Alle Früchte abwechselnd in den Entsafter geben.

Wenn der Nektar zu dick ist, können Sie ihn mit etwas kaltem Wasser verdünnen.

Weizengrassaft

ZUBEREITUNGSZEIT 00:03

FÜR 1 GLAS

50 g Weizengras

Das Weizengras entsaften.

Am besten ziehen Sie das Weizengras in einem Anzuchtkasten selbst. Nach etwa 10 Tagen kann es geerntet werden.

Grapefruitsaft mit Spinat

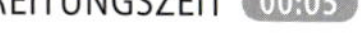

FÜR 1 GROSSES GLAS

100 g frischer Spinat
1 Grapefruit
1 Stück Ingwerwurzel (1 cm)

Den Spinat waschen. Grapefruit und Ingwer schälen. Abwechselnd in den Entsafter geben.

Spinat ist ein sehr gesundes Gemüse. Er enthält die Vitamine B und C sowie zahlreiche Mineralien. Sein Eisengehalt ist aber geringer, als allgemein angenommen wird.

Apfelcocktail mit Kiwi und Spinat

ZUBEREITUNGSZEIT 00:05

FÜR 1 GROSSES GLAS

1 Apfel
2 Kiwis
50 g frischer Spinat
50 ml Wasser

Den Apfel waschen und vierteln, die Kiwis schälen und den Spinat gut waschen.

Zuerst den Spinat in den Entsafter geben, dann die Kiwis und zuletzt den Apfel.

Mit Wasser auffüllen.

Wenn der Saft zu dick ist, geben Sie ruhig etwas mehr Wasser dazu.

Petersiliensaft

ZUBEREITUNGSZEIT 00:03

FÜR 1 GLAS

1 kleines Bund Petersilie

Die Petersilie entsaften.

Der Saft mit dem intensiven Geschmack ist reich an Vitamin C, Kalium und Eisen. Trinken Sie kein ganzes Glas. Nehmen Sie lieber 1–2 Esslöffel des Safts vor jeder Mahlzeit ein.

Gurkensaft mit Apfel, Salat und Rettich

ZUBEREITUNGSZEIT 00:05

FÜR 1 GROSSES GLAS

1 Gurke
2 Äpfel
1 Stück Rettich (2 cm)
1 Handvoll Salatblätter

Gurke und Äpfel waschen und in Stücke schneiden.

Den Rettich schälen und die Salatblätter waschen.

Abwechselnd in den Entsafter geben.

Den Salat können Sie durch die gleiche Menge Blattspinat ersetzen.

Spinatdrink mit Orange und Kurkuma

ZUBEREITUNGSZEIT 00:05

FÜR 1 GROSSES GLAS

50 g frischer Spinat
1 große Orange (oder 2 kleine)
1 Stück Kurkumawurzel (2 cm)
¼ Bio-Zitrone

Den Spinat gut waschen. Orange und Kurkuma schälen.

Zuerst Spinat und Zitrone (ungeschält) entsaften, dann die Orange.

Kurkuma gilt als Superfood. Das Gewürz enthält viele Antioxidantien, die vor einigen Krebsarten schützen sollen.

Grüner Saft mit Gurke, Fenchel und Sellerie

ZUBEREITUNGSZEIT 00:05

FÜR 1 GROSSES GLAS

½ Gurke
½ Knolle Fenchel
1 Stange Sellerie
1 Stück Ingwerwurzel (1 cm)
3 Blätter Minze

Gurke, Fenchel und Sellerie waschen und in Stücke schneiden.

Den Ingwer schälen.

Abwechselnd entsaften, dabei die gewaschene Minze zugeben.

Gurke besteht hauptsächlich aus Wasser. Sie erfrischt und ist kalorienarm. Neben den Vitaminen B und C enthält sie Kalium, Phosphor und andere Mineralien.

Rote-Bete-Saft mit Granatapfel, Zitrone und Petersilie

ZUBEREITUNGSZEIT  00:05

FÜR 1 GROSSES GLAS

1 Rote Bete
½ Granatapfel
1 Zitrone
2 Stängel Petersilie

Die Rote Bete schälen und in Stücke schneiden.

Die Kerne aus dem Granatapfel lösen. Die Zitrone schälen.

Abwechselnd die Zutaten entsaften, dabei die gewaschene Petersilie zufügen.

Granatäpfel sind reich an Vitamin C und enthalten außerdem Polyphenole, die freie Radikale bekämpfen. Diese Stoffe beschleunigen die Hautalterung und begünstigen einige Krebsarten.

Cranberrysaft mit Erdbeeren, Himbeeren und Basilikum

ZUBEREITUNGSZEIT 

FÜR 1 GROSSES GLAS

50 g gefrorene Cranberrys

50 g Erdbeeren

1 Orange

50 g Himbeeren

5 Blätter Basilikum

Die Cranberrys einige Stunden vor dem Entsaften aus dem Tiefkühler nehmen.

Die Erdbeeren waschen und putzen.

Die Orange schälen und in Stücke schneiden.

Die Himbeeren waschen.

Alles abwechselnd mit dem gewaschenen Basilikum in den Entsafter geben.

Zuletzt die Orange entsaften.

Das Basilikum kann durch frische Minze ersetzt werden.

Erdbeersaft mit Matcha

ZUBEREITUNGSZEIT 00:05

FÜR 1 GROSSES GLAS

150 g Erdbeeren
1 Orange
½ TL Matchapulver

Die Erdbeeren waschen und putzen.

Die Orange schälen.

Die Früchte entsaften.

Das Matchapulver mit dem fertigen Saft verrühren.

Erdbeeren haben einen bemerkenswert hohen Vitamin-C-Gehalt. Eine Portion von 150 Gramm genügt, um den Tagesbedarf zu decken.

Spinatdrink mit Kräutern

ZUBEREITUNGSZEIT 00:05

FÜR 1 GROSSES GLAS

2 Handvoll frischer Spinat
2 Stängel Basilikum
2 Stängel Koriander
2 Stängel Minze
1 Apfel
½ Limette

Spinat und Kräuter gründlich waschen.

Den Apfel waschen und in Stücke schneiden und die Limette schälen.

Zuerst den Spinat in den Entsafter geben, dann die übrigen Zutaten.

Zuletzt den Apfel entsaften.

Dieser erfrischende, kalorienarme Saft ist ein echter Gesundheitscocktail. Er ist reich an Vitamin C und enthält viele Antioxidantien.

Gurken-Zitronen-Saft

ZUBEREITUNGSZEIT 00:05

FÜR 1 GROSSES GLAS

1 Gurke

½ Bio-Zitrone

Die Gurke und die ungeschälte Zitrone in Stücke schneiden.

In den Entsafter geben.

Dies ist ein Drink für die schlanke Linie. Gurke und Zitrone enthalten nur wenige Kalorien.

Tomaten-Karotten-Saft

ZUBEREITUNGSZEIT 00:05

FÜR 1 GROSSES GLAS

2 Tomaten

2 Karotten

Tomaten und Karotten waschen und in Stücke schneiden.

Zusammen in den Entsafter geben.

Wählen Sie für diesen Drink saftige Tomaten. Fleischtomaten wie Ochsenherz sind weniger gut geeignet.

Apfelsaft mit Brombeeren

ZUBEREITUNGSZEIT 00:05

FÜR 1 GROSSES GLAS

2 Äpfel

150 g Brombeeren

Die Äpfel waschen und in Stücke schneiden.

Abwechselnd mit den gewaschenen Brombeeren in den Entsafter geben.

Brombeeren sind reich an Vitamin C, E und Karotin. Außerdem enthalten sie wertvolle Antioxidantien.

Orangensaft mit Aprikose und Ananas

ZUBEREITUNGSZEIT 

FÜR 1 GROSSES GLAS

2 Orangen
4 Aprikosen
60 g Ananas

Die Orangen schälen und in Stücke schneiden.

Die Aprikosen waschen, halbieren und entsteinen.

Die Ananas schälen und in Stücke schneiden.

Die Früchte abwechselnd in den Entsafter geben.

Ananas ist ballaststoffreich und enthält Bromelin, einen Stoff, der die Verdauung anregt.

500

Melonensaft mit Orange und Kurkuma

ZUBEREITUNGSZEIT 00:05

FÜR 1 GROSSES GLAS

½ Honigmelone
2 Orangen
1 Stück Kurkumawurzel (1 cm)

Das Fruchtfleisch der Melone in Stücke schneiden.

Die Orangen schälen und in Stücke schneiden.

Die Kurkuma schälen.

Alle Zutaten in den Entsafter geben.

Melone liefert viel Karotin (Provitamin A). Je rötlicher ihr Fleisch gefärbt ist, desto höher ist der Karotingehalt.

Gurkensaft mit Rucola und Koriander

ZUBEREITUNGSZEIT 00:05

FÜR 1 GROSSES GLAS

2 Handvoll Rucola
1 Gurke
¼ Zitrone
3 Stängel Koriander

Den Rucola waschen, die Gurke waschen und in Stücke schneiden und die Zitrone schälen.

Alle Zutaten abwechselnd mit dem gewaschenen Koriander in den Entsafter geben.

Wer den pikanten Geschmack von Rucola nicht mag, kann stattdessen milderen Feldsalat verwenden.

Ananassaft mit roten Früchten

ZUBEREITUNGSZEIT 00:05

FÜR 1 GROSSES GLAS

½ Ananas

150 g Erdbeeren

100 g Himbeeren

Die Ananas schälen und in Stücke schneiden.

Die Erdbeeren waschen und putzen. Die Himbeeren waschen.

Die Früchte abwechselnd in den Entsafter geben.

Die Augen der Ananas fühlen sich im Mund unangenehm an. Man kann sie mit einer Messerspitze oder einem Grapefruitlöffel entfernen.

Calisson-Cocktail

ZUBEREITUNGSZEIT 00:05

FÜR 1 GROSSES GLAS

½ Honigmelone
4 Aprikosen
50 ml Mandeldrink
1 TL Orangenblütenwasser

Das Fruchtfleisch der Melone in Scheiben schneiden. Die Aprikosen waschen und entkernen.

Entsaften, dann den Mandeldrink hinzugeben.

Den Cocktail mit Orangenblütenwasser aromatisieren.

Verwenden Sie voll ausgereifte, duftende Aprikosen, die auf Fingerdruck leicht nachgeben.

Roter Saft mit Basilikum

ZUBEREITUNGSZEIT 00:05

FÜR 1 GROSSES GLAS

100 g Heidelbeeren
100 g schwarze Johannisbeeren
2 Stängel Basilikum
1 Rote Bete

Heidelbeeren, schwarze Johannisbeeren und Basilikum waschen.

Die Rote Bete schälen und in Stücke schneiden.

Abwechselnd in den Entsafter geben.

Den Entsafter nach der Verarbeitung von Roten Beten sofort reinigen, damit er sich nicht verfärbt.

Tomatencocktail mit Wassermelone und Minze

Erfrischend

ZUBEREITUNGSZEIT 00:05

FÜR 1 GROSSES GLAS

3 Tomaten
1 Scheibe Wassermelone
5 Blätter Minze

Die Tomaten waschen und das Wassermelonenfruchtfleisch in Stücke schneiden.

Abwechselnd mit den gewaschenen Minzeblättern entsaften.

Gekühlt genießen.

Wassermelone ist sehr erfrischend. Sie enthält viel Vitamin C und ist reich an Kalium.

Melonensaft mit Himbeeren und Maracuja

ZUBEREITUNGSZEIT 00:05

FÜR 1 GROSSES GLAS

½ Honigmelone
1 Maracuja
100 g Himbeeren

Das Melonenfruchtfleisch in Stücke schneiden.

Die Maracuja halbieren und das Innere mit einem Löffel herauslösen.

Zuerst gewaschene Himbeeren und Maracuja-Fruchtfleisch entsaften, dann die Melone.

Maracujas sind besonders reich an Vitamin C und Mineralstoffen, vor allem Kalium, Magnesium und Phosphor.

Erdbeernektar mit Banane

ZUBEREITUNGSZEIT 00:05

FÜR 1 GROSSES GLAS

1 Banane
40 g Erdbeeren
100 ml Wasser

Das grobe Sieb in den Entsafter einsetzen.

Die Banane schälen. Die Erdbeeren waschen und putzen.

Die Früchte entsaften, dann das Wasser zum Saft geben.

Gekühlt servieren.

Banane versorgt Sie mit Vitamin B und verschiedenen Mineralien, vor allem Kalium und Magnesium.

Nektarinensaft mit Erdbeeren und Himbeeren

ZUBEREITUNGSZEIT 00:05

FÜR 1 GROSSES GLAS

2 Nektarinen

6 Erdbeeren

50 g Himbeeren

Die Nektarinen waschen, entsteinen und in Stücke schneiden.

Die Erdbeeren waschen und putzen. Die Himbeeren waschen.

Zuerst die Beeren in den Entsafter geben, dann die Nektarinen.

Wenn Sie die Nektarinen abziehen möchten, legen Sie sie einige Sekunden in kochendes Wasser. Danach lässt sich die Haut leicht ablösen.

Himbeer-Mandel-Drink

ZUBEREITUNGSZEIT 00:05
EINWEICHZEIT 12:00

FÜR 1 GROSSES GLAS

50 g Mandeln
750 ml Wasser
100 g Himbeeren

Die Mandeln über Nacht in kaltem Wasser einweichen.

Abgießen.

Mandeln und Wasser abwechselnd mit den gewaschenen Himbeeren in den Entsafter geben.

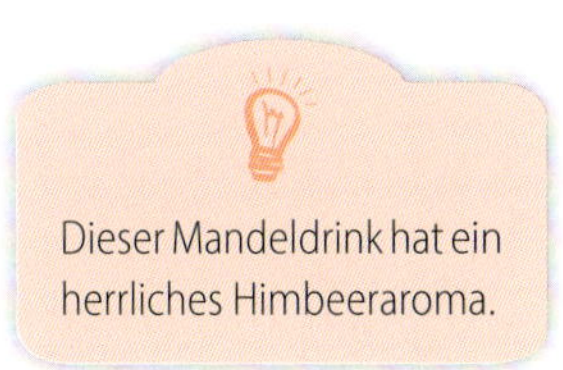
Dieser Mandeldrink hat ein herrliches Himbeeraroma.

Wassermelonendrink mit Heidelbeeren

ZUBEREITUNGSZEIT 00:05

FÜR 1 GROSSES GLAS

1 Scheibe Wassermelone
150 g Heidelbeeren

Das Fruchtfleisch der Wassermelone in Stücke schneiden.

Abwechselnd mit den gewaschenen Heidelbeeren in den Entsafter geben.

Gut gekühlt servieren.

Heidelbeeren enthalten neben wertvollen Ballaststoffen auch Flavonoide mit antioxidativer Wirkung.

Gazpacho

ZUBEREITUNGSZEIT 00:10

FÜR 1 GROSSES GLAS

4 Tomaten
1 Gurke
1 Stange Sellerie
1 rote Paprikaschote
¼ weiße Zwiebel
½ Zitrone
1 kleines Bund Basilikum
Salz und Pfeffer

Tomaten, Gurke, Sellerie und Paprika waschen und in Stücke schneiden. Die Zwiebel abziehen.

Die Zitrone schälen.

Die Zutaten abwechselnd mit gewaschenem Basilikum und Zitrone in den Entsafter geben.

Salzen, pfeffern und gut umrühren.

Noch herzhafter schmeckt der Gazpacho, wenn Sie die Zutaten am Vortag in Stücke schneiden und mit etwas Salz bestreuen. So entfalten sich die Aromen besser.

Bananennektar mit Aprikose

ZUBEREITUNGSZEIT 00:05

FÜR 1 GROSSES GLAS

1 Banane
3 Aprikosen
100 ml Wasser

Das grobe Sieb in den Entsafter einsetzen.

Die Banane schälen. Die Aprikosen waschen, entsteinen und in Stücke schneiden.

Zuerst die Banane in den Entsafter geben, dann die Aprikosen.

Zuletzt das Wasser zugeben.

Wenn der Drink zu dick ist, verdünnen Sie ihn mit ein wenig Wasser.

Wassermelonen-drink mit Paprika und Minze

ZUBEREITUNGSZEIT 00:05

FÜR 1 GROSSES GLAS

500 g Wassermelone
1 rote Paprikaschote
3 Blätter Minze

Die Wassermelone schälen, das Fruchtfleisch in Stücke schneiden.

Die Paprika waschen, entkernen und die weißen Rippen entfernen.

Beides zusammen mit der gewaschenen Minze in den Entsafter geben.

Paprika ist leichter verdaulich, wenn man die Haut abzieht. Dafür die Paprika grillen, bis die Haut dunkel wird und Blasen wirft.

Kirschsaft mit Birne und Orangenblütenwasser

ZUBEREITUNGSZEIT 00:05

FÜR 1 GROSSES GLAS

200 g Kirschen
2 Birnen
1 TL Orangen-blütenwasser

Die Kirschen waschen und entsteinen. Die Birnen waschen und in Stücke schneiden.

Die Früchte entsaften. Den Saft mit Orangenblütenwasser abschmecken.

Umrühren und servieren.

Kirschen enthalten relativ viele Kalorien, aber auch viel Vitamin A, Provitamin A, Kalium und Ballaststoffe.

Wassermelonensaft mit Gurke, Ananas und Minze

ZUBEREITUNGSZEIT 00:05

FÜR 1 GROSSES GLAS

1 Scheibe Wassermelone
¼ Ananas
¼ Gurke
10 Blätter Minze

Wassermelone und Ananas schälen und in Stücke schneiden. Die Gurke waschen und würfeln.

Abwechselnd mit den gewaschenen Minzeblättern in den Entsafter geben.

Wegen des hohen Wassergehalts der Melone ist dies ein idealer Sommerdrink. Gekühlt servieren.

Grüner Saft mit Ananas

ZUBEREITUNGSZEIT 00:05

FÜR 1 GROSSES GLAS

100 g Brokkoli
1 Gurke
50 g frischer Spinat
1 Scheibe Ananas
1 Zitrone

Den Brokkoli waschen und in Röschen teilen, die Gurke waschen und grob würfeln.

Den Spinat gut waschen. Ananas und Zitrone schälen.

Alle Zutaten abwechselnd in den Entsafter geben.

Ananas gibt diesem grünen Saft eine leichte Süße. Er schmeckt köstlich, steckt aber auch voller Detox-Inhaltsstoffe.

Tomatensaft mit Basilikum

ZUBEREITUNGSZEIT 00:05

FÜR 1 GROSSES GLAS

4 Tomaten

½ Zitrone

1 Stängel Basilikum

Die Tomaten waschen und in Stücke schneiden, die Zitrone schälen.

Abwechselnd mit dem gewaschenen Basilikum in den Entsafter geben.

Den Trester von diesem Saft mit 100 ml Wasser verrühren und mit 1 Knoblauchzehe etwa 10 Minuten auf niedriger Stufe erhitzen. 1 Prise Zucker, 1 Prise Salz und 1 Esslöffel Olivenöl zugeben: Fertig ist eine tolle Tomatensauce.

tomate

Gurkensaft mit Brokkoli und Petersilie

ZUBEREITUNGSZEIT 00:05

FÜR 1 GROSSES GLAS

½ Gurke

50 g Brokkoli

1 Stück Ingwerwurzel (1 cm)

1 Stängel Petersilie

Die Gurke waschen und in Stücke schneiden. Den Brokkoli waschen und in Röschen teilen.

Abwechselnd mit Ingwer und gewaschener Petersilie in den Entsafter geben.

Petersilie ist ein Superfood, das uns mit Mineralien wie Phosphor, Kalzium und Eisen sowie mit Vitamin C und Betacarotin versorgt. Es ist ideal zur Stärkung des Immunsystems.

500
400
300
200

Tomatensaft mit Paprika und Sellerie

ZUBEREITUNGSZEIT 00:05

FÜR 1 GROSSES GLAS

4 Tomaten

1 rote Paprikaschote

1 Stange Sellerie

Tomaten, Paprika und Sellerie waschen.

Zuerst Tomaten und Paprika, dann den Sellerie in Stücke schneiden.

Alle Zutaten abwechselnd in den Entsafter geben.

Dieser würzige Saft ist kalorienarm und eignet sich darum für alle, die abnehmen möchten.

Melonen-Gurken-Drink

ZUBEREITUNGSZEIT 00:05

FÜR 1 GROSSES GLAS

½ Honigmelone
½ Zitrone
1 Gurke

Melone und Zitrone schälen.

Die Melone in Stücke schneiden. Die Gurke waschen und in Scheiben schneiden.

Alle Zutaten abwechselnd in den Entsafter geben.

Weil Gurke und Melone viel Kalium enthalten, wirken sie harntreibend. Das ist hilfreich bei unangenehmen Wassereinlagerungen.

Zucchinidrink mit Apfel und Minze

ZUBEREITUNGSZEIT 00:05

FÜR 1 GROSSES GLAS

2 Zucchini
2 Äpfel
10 Blätter Minze

Die Zucchini waschen und in Stücke schneiden. Den Apfel waschen und vierteln.

Zusammen mit den gewaschenen Minzeblättern in den Entsafter geben.

Foto im Umschlag vorne links

Gemüsepfannkuchen

ZUBEREITUNGSZEIT 00:10
GARZEIT 00:12

FÜR 2 PERSONEN

200 g Trester vom Zucchinidrink (oben)
1 Ei
2 EL Mehl
1 EL Senf
20 g geriebener Käse
Salz und Pfeffer

Den Trester mit Ei, Mehl und Senf vermengen.

Den Käse unterrühren. Salzen und pfeffern.

Esslöffelgroße Kleckse des Teigs in eine Pfanne mit heißem Öl setzen.

Von jeder Seite 3 Minuten goldbraun backen.

Gemüsekuchen mit Nüssen

ZUBEREITUNGSZEIT 00:15
GARZEIT 00:40

FÜR 6 PERSONEN

200 g Trester von einem Gemüsesaft
150 g Mehl
1 Pck. Backpulver
2 Eier
80 ml Olivenöl
120 ml Milch
50 g Parmesan, gerieben
50 g Haselnusskerne, gehackt

Den Backofen auf 180 °C vorheizen.

Trester, Mehl und Backpulver in einer Schüssel vermengen.

Langsam Eier, Olivenöl und Milch einrühren, dann Parmesan und Nüsse unterheben.

Alles zu einem glatten Teig vermengen.

Eine Kastenform mit Butter einfetten und mit Mehl ausstäuben. Den Teig einfüllen.

40 Minuten backen.

Abkühlen lassen, dann aus der Form lösen.

Der Kuchen ist gar, wenn an einem eingestochenen Stäbchen kein Teig mehr haftet.

Birnennektar mit Banane

ZUBEREITUNGSZEIT 00:05

FÜR 1 GROSSES GLAS

1 Banane
1 Birne
100 ml Wasser

Das grobe Sieb in den Entsafter einsetzen.

Die Banane schälen. Die Birne waschen und in Stücke schneiden.

Zuerst die Banane in den Entsafter geben, dann die Birne.

Das Wasser unter den Saft rühren.

Foto im Umschlag hinten links

Dieser Nektar fördert die Konzentration, weil er besonders viel Kalium enthält. Sehr gut für Prüfungsphasen!

Karottensaft mit Apfel und Roter Bete

ZUBEREITUNGSZEIT 00:05

FÜR 1 GROSSES GLAS

1 Karotte

1 Apfel

¼ rohe Rote Bete

Die Karotte waschen und in Stücke schneiden. Den Apfel waschen und vierteln.

Die Rote Bete schälen.

Zuerst Karotte und Apfel in den Entsafter geben, dann die Rote Bete.

Foto im Umschlag hinten rechts

Den Entsafter sofort nach der Zubereitung reinigen, damit er durch die Rote Bete nicht verfärbt wird.

Orangensaft mit Kohl, Apfel und Zitrone

ZUBEREITUNGSZEIT 00:05

FÜR 1 GROSSES GLAS

1 Orange
1 Zitrone
¼ Weißkohl
1 Apfel

Orange und Zitrone schälen.

Kohl und Apfel waschen und in Stücke schneiden.

Alle Zutaten abwechselnd in den Entsafter geben.

Dieser Saft spendet wegen seines hohen Vitamin-C-Gehalts Energie für den ganzen Tag.

Orangensaft mit zweierlei Trauben

ZUBEREITUNGSZEIT 00:05

FÜR 1 GROSSES GLAS

1 kleine Traube kernlose blaue Weintrauben

1 kleine Traube kernlose helle Weintrauben

1 Bio-Orange

Die Weintrauben waschen und von den Stielen zupfen.

Die Orange schälen und in Stücke schneiden.

Alle Zutaten abwechselnd in den Entsafter geben.

Verwenden Sie unbedingt auch Trauben in Bioqualität, die nicht mit Pestiziden belastet sind.

Apfelsaft mit Gurke und Fenchel

ZUBEREITUNGSZEIT 00:05

FÜR 1 GROSSES GLAS

1 säuerlicher Apfel
½ Gurke
½ Knolle Fenchel

Apfel, Gurke und Fenchel waschen und in Stücke schneiden.

Die Zutaten abwechselnd in den Entsafter geben.

Wer es würziger mag, gibt einen Stängel Petersilie dazu.

Feldsalat-Cocktail mit Feige und Basilikum

ZUBEREITUNGSZEIT 00:05

FÜR 1 GROSSES GLAS

2 Handvoll Feldsalat
5 Feigen
5 Blätter Basilikum
50 ml Wasser

Den Feldsalat gut waschen. Die Feigen waschen und in Stücke schneiden.

Abwechselnd mit dem gewaschenen Basilikum in den Entsafter geben.

Zuletzt das Wasser einrühren.

Wenn der Cocktail immer noch zu dick ist, einfach mit etwas mehr Wasser verdünnen.

Grünkohlsaft mit Birne

ZUBEREITUNGSZEIT 00:05

FÜR 1 GROSSES GLAS

3 Blätter Grünkohl
3 Birnen

Den Grünkohl gründlich waschen. Die Birnen waschen und in Stücke schneiden.

Zuerst den Grünkohl in den Entsafter geben, dann die Birnen.

Für diesen Saft sollten Sie reife, süße Birnen verwenden.

Mangoldsaft mit Apfel

ZUBEREITUNGSZEIT 00:05

FÜR 1 GROSSES GLAS

2 Mangoldblätter (Blätter und Stiele)

1 Apfel

¼ Bio-Zitrone

Die Mangoldblätter und den Apfel waschen und in Stücke schneiden.

Abwechselnd mit der Zitrone (ungeschält) in den Entsafter geben.

Weil die Mangoldstiele recht hart sind, müssen sie zum Entsaften in relativ kleine Stücke geschnitten werden.

Mandeldrink mit Feigen

ZUBEREITUNGSZEIT 00:05
EINWEICHZEIT 12:00

FÜR 1 GROSSES GLAS

50 g Mandeln
100 g Feigen
500 ml Wasser

Die Mandeln über Nacht in kaltem Wasser einweichen.

Abtropfen lassen.

Die Feigen waschen und halbieren.

Die Mandeln entsaften, dabei das Wasser und die Feigen zugeben.

Schneller geht es, wenn Sie gekauften Mandeldrink zusammen mit den Feigen in den Entsafter geben.

Grüner Saft mit Minze

ZUBEREITUNGSZEIT 00:05

FÜR 1 GROSSES GLAS

1 Zucchini
1 Apfel
50 g frischer Spinat
¼ Zitrone
1 Stängel Minze

Zucchini und Apfel waschen und in Stücke schneiden.

Den Spinat gründlich waschen und die Zitrone schälen.

Alle Zutaten abwechselnd mit der gewaschenen Minze in den Entsafter geben.

Dieser Saft ist nicht nur sehr kalorienarm, sondern durch die Minze auch ausgesprochen erfrischend.

Apfel-Karotten-Cocktail mit Kokos und Ingwer

ZUBEREITUNGSZEIT 00:05

FÜR 1 GROSSES GLAS

1 Apfel
2 Karotten
1 Stück Ingwerwurzel (1 cm)
100 ml Kokosmilch

Apfel und Karotten waschen und in Stücke schneiden.

Den Ingwer schälen.

Zuerst die festen Zutaten in den Entsafter geben, dann die Kokosmilch.

Kokosmilch und Ingwer geben diesem Cocktail eine orientalische Note.

Feigendrink mit Trauben

ZUBEREITUNGSZEIT 00:05

FÜR 1 GROSSES GLAS

10 Feigen

100 g kernlose blaue Weintrauben

Die Feigen waschen und halbieren, die Trauben von den Stielen lösen und waschen.

Alle Zutaten abwechselnd in den Entsafter geben.

Wenn der Saft zu dick ist, etwas Wasser unterrühren.

Kürbissaft mit Karotte und Gewürzen

ZUBEREITUNGSZEIT 00:05

FÜR 1 GROSSES GLAS

200 g Kürbis
4 Karotten
1 Stück Ingwerwurzel (1 cm)
1 Prise Zimt
1 Prise Muskatnuss
1 Msp. Vanillemark

Den Kürbis schälen, das Fruchtfleisch in Stücke schneiden.

Die Karotten waschen und in Stücke schneiden. Den Ingwer schälen.

Die frischen Zutaten abwechselnd in den Entsafter geben.

Den fertigen Saft mit Zimt, Muskat und Vanille würzen.

Gut umrühren.

Nicht nur das Gemüse, auch die Gewürze stärken das Immunsystem. Köstlich schmeckt der Saft sowieso.

Brokkolidrink mit Trauben, Kiwi und Minze

ZUBEREITUNGSZEIT 00:05

FÜR 1 GROSSES GLAS

50 g Brokkoli

50 g kernlose helle Weintrauben

2 Kiwis

5 Blätter Minze

Den Brokkoli in Röschen teilen und waschen. Die Trauben von den Stielen zupfen und waschen.

Die Kiwis schälen und in Stücke schneiden.

Alle Zutaten abwechselnd mit der gewaschenen Minze in den Entsafter geben.

Beim Kochen gehen wertvolle Inhaltsstoffe des Brokkoli verloren. Hier wird er roh verarbeitet. Zusammen mit Trauben, Kiwi und Minze schmeckt er köstlich.

Fencheldrink mit Orange, Apfel und Karotte

ZUBEREITUNGSZEIT 

FÜR 1 GROSSES GLAS

¼ Knolle Fenchel
1 Apfel
1 Karotte
1 Orange

Fenchel, Apfel und Karotte waschen und in Stücke schneiden.

Die Orange schälen und vierteln.

Die Zutaten abwechselnd in den Entsafter geben.

Trinken Sie diesen Saft ruhig öfter, denn er steckt voller wertvoller Vitamine und Antioxidantien.

Kürbisdrink mit Apfel und Orange

ZUBEREITUNGSZEIT 00:05

FÜR 1 GROSSES GLAS

1 Scheibe Kürbis
1 Orange
2 Äpfel

Den Kürbis schälen und das Fruchtfleisch in Stücke schneiden.

Die Orange schälen, die Äpfel waschen. Orange und Äpfel in Stücke schneiden.

Alle Zutaten abwechselnd in den Entsafter geben.

Dieser Saft enthält viel Betacarotin. Das Antioxidans spielt eine Rolle in der Krebsvorbeugung.

Apfelsaft mit Birne und Zimt

ZUBEREITUNGSZEIT 00:05

FÜR 1 GROSSES GLAS

2 Äpfel
2 Birnen
1 Prise Zimt

Äpfel und Birnen waschen und in Stücke schneiden.

Abwechselnd in den Entsafter geben.

Den Zimt in den fertigen Saft einrühren.

Wer mag, süßt den Saft mit einem Teelöffel Honig. Köstlich!

Karottensaft mit Gurke und Spinat

ZUBEREITUNGSZEIT 00:05

FÜR 1 GROSSES GLAS

50 g frischer Spinat
2 Karotten
1 Gurke
10 Blätter Minze

Den Spinat gut waschen. Karotten und Gurke auch waschen und in Stücke schneiden.

Die Zutaten abwechselnd mit der gewaschenen Minze in den Entsafter geben.

Dieser Saft fördert die Regeneration des Verdauungssystems und kann bei Verdauungsbeschwerden ruhig öfter getrunken werden.

Birnensaft mit Pflaumen

ZUBEREITUNGSZEIT 00:05

FÜR 1 GROSSES GLAS

2 Birnen

8 Pflaumen

Birnen und Pflaumen waschen. Die Birnen in Stücke schneiden und die Pflaumen entsteinen.

Die Zutaten abwechselnd in den Entsafter geben.

Wenn der Saft zu dick ist, geben Sie etwas Wasser oder einen geviertelten Apfel mit in den Entsafter.

Rote-Bete-Saft mit Gurke

ZUBEREITUNGSZEIT 00:05

FÜR 1 GROSSES GLAS

1 Rote Bete

½ Zitrone

½ Gurke

Rote Bete und Zitrone schälen und in Stücke schneiden.

Die Gurke waschen und in Stücke schneiden.

Die Zutaten abwechselnd in den Entsafter geben.

Den Entsafter gleich nach der Zubereitung reinigen, damit die Roten Beten ihn nicht verfärben.

Karottendrink mit Sellerie, Roter Bete und Petersilie

ZUBEREITUNGSZEIT 

FÜR 1 GROSSES GLAS

2 Karotten
1 Stange Sellerie
½ rohe Rote Bete mit Grün
2 Stängel Petersilie

Karotten und Sellerie waschen und in Stücke schneiden.

Die Rote Bete schälen und in Stücke schneiden.

Alle Zutaten abwechselnd mit der gewaschenen Petersilie in den Entsafter geben.

Entsaften Sie auch die Blätter der Roten Bete. Sie enthalten Vitamin C und viele Mineralstoffe.

Apfelsaft mit Grünkohl und Sellerie

ZUBEREITUNGSZEIT 00:05

FÜR 1 GROSSES GLAS

2 Äpfel
2 Stangen Sellerie
3 Blätter Grünkohl
½ Zitrone

Äpfel und Selleriestangen waschen und in Stücke schneiden. Den Grünkohl waschen.

Die Zitrone schälen.

Alle Zutaten abwechselnd in den Entsafter geben.

Den Grünkohl in Stücke schneiden, damit die harten Rippen das Gerät nicht blockieren.

Apfelsaft mit Birne und Pflaume

ZUBEREITUNGSZEIT 00:05

FÜR 1 GROSSES GLAS

2 Äpfel

1 Birne

5 Trockenpflaumen

Äpfel und Birne waschen und vierteln. Die Pflaumen entsteinen.

Alle Zutaten abwechselnd in den Entsafter geben.

Dieser Saft regt die Verdauung an und schmeckt mit einer Prise Zimt noch besser.

Brombeersaft mit Birne und Trauben

ZUBEREITUNGSZEIT 00:05

FÜR 1 GROSSES GLAS

1 Birne

150 g kernlose dunkle Weintrauben

100 g Brombeeren

Die Birne waschen und vierteln. Die Weintrauben von den Stielen zupfen und mit den Brombeeren waschen.

Brombeeren, Birnenstücke und Weintrauben abwechselnd in den Entsafter geben.

Dieser Saft enthält wertvolle Flavonoide, die vor Herz-Kreislauf-Erkrankungen schützen sollen.

Apfelpunsch mit Gewürzen

ZUBEREITUNGSZEIT 00:05
ZIEHZEIT 00:12

FÜR 1 GROSSES GLAS

3 Äpfel
½ Zitrone
1 Stange Zimt
2 Gewürznelken

Die Äpfel waschen und vierteln. Die Zitrone schälen und in Stücke schneiden.

Die Früchte entsaften.

Den Saft mit Zimt und Gewürznelken in einen Topf geben.

Auf niedriger Stufe erhitzen, dann 10 Minuten ziehen lassen.

Zimt und Gewürznelken entfernen. Den Punsch heiß servieren.

Dieser Punsch ist ein wärmender Genuss an kalten Herbstabenden.

Vegane Muffins mit Karotte und Apfel

ZUBEREITUNGSZEIT 00:15
GARZEIT 00:20

ERGIBT 12 STÜCK

200 g Trester vom Karottensaft (unten)
200 g Mehl
1 Pck. Backpulver
100 g Zucker
150 ml Mandeldrink
80 ml Sonnenblumenöl
30 g Rosinen

Den Backofen auf 180 °C vorheizen.

Trester, Mehl, Backpulver und Zucker verrühren.

Mandeldrink und Sonnenblumenöl zugeben.

Die Rosinen unterheben. Den Teig in Muffinformen füllen.

20 Minuten backen.

Karottensaft mit Apfel und Ingwer

ZUBEREITUNGSZEIT 00:05

FÜR 1 GROSSES GLAS

300 g Karotten
3 Äpfel
1 Stück Ingwerwurzel (1 cm)

Karotten und Äpfel waschen und in Stücke schneiden.

Den Ingwer schälen.

Die Zutaten abwechselnd in den Entsafter geben.

Pfannkuchen

ZUBEREITUNGSZEIT 00:15
GARZEIT 00:12

FÜR 2 PERSONEN

150 g Mehl
30 g Zucker
1 TL Backpulver
1 Ei
250 ml Milch
1 EL Sonnenblumenöl
150 g Trester vom Orangendrink (unten)

Mehl, Zucker und Backpulver in einer Schüssel vermengen.

Eine Vertiefung in die Mitte drücken. Ei, Milch und Sonnenblumenöl hineingeben.

Gut umrühren, dann den Trester zufügen und alles zu einem glatten Teig verarbeiten.

Etwas Öl in einer Pfanne auf mittlerer Stufe erhitzen. Esslöffelgroße Teigportionen hineingeben.

Wenn sich nach einigen Minuten Bläschen an der Teigoberfläche zeigen, die Pfannkuchen wenden.

Orangendrink mit Apfel und Karotte

ZUBEREITUNGSZEIT 00:05

FÜR 1 GROSSES GLAS

2 Orangen
2 Äpfel
2 Karotten

Die Orangen schälen und vierteln.

Äpfel und Karotten waschen und in Stücke schneiden.

Alle Zutaten in den Entsafter geben.

Foto im Umschlag vorne rechts

Multivitaminsaft mit Orange, Zitrone, Apfel und Karotte

Belebend

ZUBEREITUNGSZEIT 00:05

FÜR 1 GROSSES GLAS

1 Orange
¼ Zitrone
1 Apfel
1 Karotte

Orange und Zitrone schälen.

Den Apfel waschen und vierteln. Die Karotte waschen und in Scheiben schneiden.

Alle Zutaten in den Entsafter geben.

Genießen Sie den vitaminreichen Saft zum Frühstück.

Rote-Bete-Saft mit Rotkohl, Apfel und Ingwer

ZUBEREITUNGSZEIT 00:05

FÜR 1 GROSSES GLAS

1 Rote Bete
1 kleine Orange
¼ Rotkohl
1 Apfel
1 Stück Ingwerwurzel (1 cm)

Rote Bete und Orange schälen und in Stücke schneiden.

Rotkohl und Apfel waschen und in Stücke schneiden.

Den Ingwer schälen.

Alle Zutaten in den Entsafter geben.

Rotkohl und Ingwer geben diesem Saft ein intensives Aroma. Wer es milder mag, gibt einen weiteren Apfel dazu und lässt den Ingwer weg.

Ananassaft mit Vanille

ZUBEREITUNGSZEIT 00:05

FÜR 1 GLAS

¼ Ananas

Mark von ½ Vanilleschote

Die Ananas schälen und in Stücke schneiden.

In den Entsafter geben.

Den Saft mit der Vanille würzen.

Sie können noch einen Schuss Kokosmilch zum Saft geben.

Pastinaken-Karotten-Drink

ZUBEREITUNGSZEIT 00:05

FÜR 1 GROSSES GLAS

2 Karotten

½ Pastinake

1 Stück Ingwerwurzel (1 cm)

1 Stück Kurkumawurzel (1 cm)

Karotten und Pastinake waschen und in Stücke schneiden.

Ingwer und Kurkuma schälen.

Alle Zutaten abwechselnd in den Entsafter geben.

Die Pastinake verleiht dem Drink einen milden Geschmack, während die Gewürze wichtige Antioxidantien beisteuern.

Apfelsaft mit Grünkohl

ZUBEREITUNGSZEIT 00:05

FÜR 1 GROSSES GLAS

3 Äpfel
4 Blätter Grünkohl

Die Äpfel waschen und vierteln und den Grünkohl waschen.

Zuerst den Grünkohl entsaften, dann die Äpfel.

Weil Grünkohl besonders reich an Vitaminen und Mineralien ist, wird er als Superfood gepriesen. Er schmeckt auch in fruchtigen Säften gut.

Rotkohldrink mit Sellerie

ZUBEREITUNGSZEIT 00:05

FÜR 1 GROSSES GLAS

½ Rotkohl
2 Stangen Sellerie
½ Bio-Zitrone

Rotkohl und Sellerie waschen und mit der Zitrone (mit Schale) in Stücke schneiden.

Alle Zutaten in den Entsafter geben.

Rotkohl ist ein wunderbares Wintergemüse. Er schmeckt köstlich und liefert viele Vitamine, die gegen Erkältungen und Energietiefs helfen.

Blumenkohlsaft mit Apfel und Kurkuma

ZUBEREITUNGSZEIT 00:05

FÜR 1 GROSSES GLAS

100 g Blumenkohlröschen

2 Äpfel

1 Stück Kurkumawurzel (1 cm)

Blumenkohl und Apfel waschen und den Apfel in Stücke schneiden. Die Kurkuma schälen.

Alle Zutaten abwechselnd in den Entsafter geben.

Blumenkohl enthält verschiedene Antioxidantien. Dieser Saft ist auch durch die Kurkuma reich an Vitaminen und Mineralien.

Brokkoli-Cocktail mit Apfel, Sellerie, Zitrone und Ingwer

ZUBEREITUNGSZEIT 00:05

FÜR 1 GROSSES GLAS

50 g Brokkoli
1 Apfel
1 Stange Sellerie
½ Bio-Zitrone
1 Stück Ingwerwurzel (1 cm)

Den Brokkoli waschen und in Röschen teilen.

Apfel und Sellerie waschen und mit der Zitrone (mit Schale) in Stücke schneiden.

Den Ingwer schälen.

Alle Zutaten abwechselnd in den Entsafter geben.

Dieser Saft liefert sehr viele Vitamine, Mineralien und Antioxidantien. Dafür sorgen Superfoods wie Brokkoli und Ingwer.

Exotischer Cocktail

ZUBEREITUNGSZEIT 00:05

FÜR 1 GROSSES GLAS

½ Mango
¼ Ananas
1 Maracuja

Mango und Ananas schälen und in Stücke schneiden.

Die Maracuja halbieren und das Fruchtfleisch herauslöffeln.

Alle Zutaten in den Entsafter geben.

Falls der Saft zu dick ist, etwas Kokoswasser einrühren.

Apfelsaft mit Orange, Granatapfel und Sellerie

ZUBEREITUNGSZEIT 00:05

FÜR 1 GROSSES GLAS

1 Apfel
1 Stange Sellerie
1 Orange
1 Granatapfel

Apfel und Sellerie waschen. Den Apfel vierteln und die Selleriestange in Stücke schneiden.

Die Orange schälen und vierteln.

Den Granatapfel halbieren und die Kerne aus den Häuten lösen.

Alle Zutaten abwechselnd in den Entsafter geben.

Um die Granatapfelkerne zu lösen, ritzen Sie die Schale ein, als ob Sie die Frucht vierteln wollten. Nun den Granatapfel in eine große Schüssel mit kaltem Wasser legen und mit den Händen aufbrechen. Die Kerne sinken auf den Boden der Schüssel und die Überreste steigen an die Oberfläche.

Karottensaft mit Grapefruit und Ingwer

ZUBEREITUNGSZEIT 00:05

FÜR 1 GROSSES GLAS

1 Grapefruit

1 Stück Ingwerwurzel (1 cm)

3 Karotten

Grapefruit und Ingwer schälen.

Die Karotten waschen und mit der Grapefruit in Stücke schneiden.

Alle Zutaten in den Entsafter geben.

Dieser Saft ist nicht nur sehr vitaminreich, er enthält außerdem Flavonoide aus der Grapefruit, die entzündungshemmende Eigenschaften besitzen.

Apfelsaft mit Cranberrys und Ingwer

ZUBEREITUNGSZEIT 00:05

FÜR 1 GROSSES GLAS

200 g Cranberrys

2 Äpfel

1 Stück Ingwerwurzel (1 cm)

Wenn Sie gefrorene Cranberrys verwenden, diese einige Stunden vor dem Entsaften aus dem Tiefkühler nehmen.

Die Äpfel waschen und vierteln und den Ingwer schälen.

Alle Zutaten in den Entsafter geben.

Cranberrys haben sich zur Behandlung von Harnwegsinfekten bewährt. Trinken Sie den Saft regelmäßig, wenn Sie an solchen Beschwerden leiden.

Orangensaft mit Roter Bete, Karotte und Ingwer

ZUBEREITUNGSZEIT 00:05

FÜR 1 GROSSES GLAS

2 Orangen
½ Rote Bete
1 Stück Ingwerwurzel (1 cm)
2 Karotten

Orangen, Rote Bete und Ingwer schälen.

Die Karotten waschen.

Alle Früchte und Gemüse in Stücke schneiden.

Die Zutaten abwechselnd in den Entsafter geben.

Den Entsafter gleich nach der Zubereitung säubern, damit er sich durch die Rote Bete nicht verfärbt.

Apfelsaft mit Sellerie und Petersilie

ZUBEREITUNGSZEIT 00:05

FÜR 1 GROSSES GLAS

2 Äpfel
2 Stangen Sellerie
2 Stängel Petersilie

Äpfel und Sellerie waschen. Die Äpfel vierteln und den Sellerie in Stücke schneiden.

Die Zutaten abwechselnd mit der gewaschenen Petersilie in den Entsafter geben.

Der Saft enthält viel Vitamin C, das wichtig für die Aufnahme von Eisen aus der Petersilie ist. Geben Sie deshalb ruhig auch etwas Petersilie an andere Säfte und Cocktails!

Apfel-Granatapfel-Drink mit Zitrusfrüchten

ZUBEREITUNGSZEIT 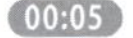

FÜR 1 GROSSES GLAS

½ Grapefruit
1 Orange
1 Apfel
½ Granatapfel

Grapefruit und Orange schälen.

Den Apfel waschen und in Stücke schneiden. Die Kerne aus dem Granatapfel lösen (siehe Tipp Seite 122).

Alle Zutaten abwechselnd in den Entsafter geben.

Dieser Saft ist besonders vitaminreich – eine willkommene Energiespritze zum Frühstück.

Karottendrink mit Kiwi, Clementine und Orange

ZUBEREITUNGSZEIT 00:05

FÜR 1 GROSSES GLAS

1 Karotte
1 Kiwi
1 Clementine
1 Orange

Die Karotte waschen und in Stücke schneiden. Kiwi, Clementine und Orange schälen.

Alle Zutaten abwechselnd in den Entsafter geben.

Der fruchtige Saft stärkt das Immunsystem und hilft, winterlichen Erkältungen vorzubeugen.

Rote-Bete-Saft mit Zitrusfrüchten und Ingwer

ZUBEREITUNGSZEIT 00:05

FÜR 1 GROSSES GLAS

½ Rote Bete
1 Grapefruit
1 Orange
1 Stück Ingwerwurzel (1 cm)

Rote Bete, Grapefruit, Orange und Ingwer schälen.

Alle Zutaten in Stücke schneiden und abwechselnd in den Entsafter geben.

Den Entsafter gleich nach der Zubereitung reinigen, damit die Rote Bete ihn nicht verfärbt.

Apfelsaft mit Karotte und Ananas

ZUBEREITUNGSZEIT 00:05

FÜR 1 GROSSES GLAS

150 g Ananas
2 Karotten
1 Apfel
½ Bio-Zitrone

Die Ananas schälen.

Karotten und Apfel waschen und mit Ananas und Zitrone (mit Schale) in Stücke schneiden.

Alle Zutaten abwechselnd in den Entsafter geben.

Bromelin aus der Ananas wirkt sich vorteilhaft auf das Herz-Kreislauf-System und die Atemwege aus. Trinken Sie diesen Saft ruhig häufiger.

Apfelsaft mit Rübchen

ZUBEREITUNGSZEIT 00:05

FÜR 1 GROSSES GLAS

2 Äpfel
½ weiße Rübe

Die Äpfel waschen und in Stücke schneiden. Die Rübe schälen und in Stücke schneiden.

Alle Zutaten abwechselnd in den Entsafter geben.

Weiße Rüben enthalten viel Wasser und eignen sich gut zum Entsaften. Sie sind reich an Mineralien und Spurenelementen und können auch für andere Säfte verwendet werden.

Papayadrink mit Karotte und Orange

ZUBEREITUNGSZEIT 00:05

FÜR 1 GROSSES GLAS

½ Papaya

1 Orange

2 Karotten

Das Fruchtfleisch aus der Papaya lösen. Die Orange schälen und die Karotten waschen. Alles in Stücke schneiden.

Alle Zutaten abwechselnd in den Entsafter geben.

Verwenden Sie eine voll ausgereifte Papaya, denn ihr Gehalt an Antioxidantien ist besonders hoch.

Orangensaft mit Gewürzen

ZUBEREITUNGSZEIT 00:05

FÜR 1 GROSSES GLAS

2 Orangen
1 Stück Ingwerwurzel (1 cm)
1 Prise Zimt
1 Prise Kardamom

Die Orangen schälen und in Stücke schneiden.

Den Ingwer schälen.

Orangen und Ingwer in den Entsafter geben.

Den fertigen Saft mit Zimt und Kardamom würzen.

Gut umrühren.

Je nach Geschmack können Sie die Menge der Gewürze vergrößern oder verkleinern.

Bananennektar mit Ananas, Mango und Kokos

ZUBEREITUNGSZEIT 00:05

FÜR 1 GROSSES GLAS

1 Banane
½ Mango
1 Scheibe Ananas
100 ml Kokosmilch

Das grobe Sieb in den Entsafter einsetzen.

Banane, Mango und Ananas schälen.

Alle Früchte in Stücke schneiden und entsaften.

Zuletzt die Kokosmilch in den Entsafter geben.

Wenn der Saft zu viel Fruchtfleisch enthält, können Sie ihn durch ein feines Sieb gießen.

Zitrus-Mix

ZUBEREITUNGSZEIT

00:05

FÜR 1 GROSSES GLAS

½ Grapefruit

½ Zitrone

1 Orange

2 Clementinen

Alle Früchte schälen und in Stücke schneiden.

Die Früchte in den Entsafter geben.

Foto auf Seite 4

Der Saft ist reich an Vitamin C und schmeckt gut zum Frühstück.

Zutatenregister

A
Ananas 46, 50, 66, 67, 114, 121, 132, 137
Apfel 10, 15, 19, 24, 26, 27, 32, 35, 41, 45, 74, 79, 80, 82, 86, 88, 90, 94, 96, 97, 103, 104, 106, 108, 110, 112, 113, 116, 119, 120, 122, 125, 127, 128, 132, 134
Aprikose 46, 52, 62
Avocado 21

B
Banane 16, 56, 62, 78, 137
Basilikum 23, 39, 41, 53, 61, 68, 84
Birne 65, 78, 85, 97, 99, 104, 105
Blumenkohl 119
Brokkoli 15, 67, 70, 93, 120
Brombeere 45, 105

C
Clementine 130, 138
Cranberry 39, 125

E
Erbse 11
Erdbeere 10, 12, 28, 39, 40, 50, 56, 58

F
Feige 84, 87, 91
Feldsalat 84
Fenchel 11, 14, 27, 37, 82, 94

G
Granatapfel 38, 122, 128
Grapefruit 31, 124, 128, 131, 138
Grüner Salat 13, 15, 35,
Grüner Tee 12
Grünkohl 85, 103, 116
Gurke 14, 20, 35, 37, 42, 49, 61, 66, 67, 70, 73, 74, 82, 98, 100

H
Haselnuss 76
Heidelbeere 53, 60
Himbeere 12, 28, 39, 50, 55, 58, 59
Honig 18

I
Ingwer 25, 31, 37, 70, 90, 92, 108, 113, 115, 120, 124, 125, 126, 131, 136

J
Johannisbeere 28, 53

K
Kardamom 136
Karotte 13, 19, 20, 22, 24, 25, 44, 79, 90, 92, 94, 98, 102, 108, 110, 112, 115, 124, 126, 130, 132, 135
Kirsche 12, 65
Kiwi 16, 21, 32, 93, 130
Kokosmilch 90, 137

Koriander 41, 49
Kürbis 92, 96
Kurkuma 18, 36, 48, 115, 119

L

Limette 15, 41

M

Mandel 59, 87
Mandelmilch 21, 52
Mango 121, 137
Mangold 86
Maracuja 55, 121
Matchatee 40
Melone 48, 52, 55, 73
Minze 11, 37, 41, 54, 64, 66, 74, 88, 93, 98
Muskatnuss 92

N

Nektarine 58
Nelke 106

O

Orange 13, 18, 22, 23, 36, 39, 40, 46, 48, 80, 81, 94, 96, 110, 112, 113, 122, 126, 128, 130, 131, 135, 136, 138
Orangenblütenwasser 52, 65

P

Papaya 135
Paprika 61, 64, 72
Pastinake 115
Petersilie 34, 38, 70, 102, 127
Pflaume 99

R

Radieschen 14, 22, 26
Rettich 19, 27, 35
Rhabarber 10, 23
Rote Bete 22, 27, 38, 53, 79, 100, 102, 113, 126, 131
Rotkohl 26, 113, 118
Rucola 49
Rübe 134

S

Sellerie 13, 37, 61, 72, 102, 103, 118, 120, 122, 127
Spargel 20
Spinat 31, 32, 36, 41, 67, 88, 98

T

Tomate 44, 54, 61, 68, 72
Trockenobst 104

V

Vanille 92, 114

W

Wassermelone 54, 60, 64, 66
Weintraube 81, 91, 93, 105
Weißkohl 24, 80
Weizengras 30

Z

Zimt 92, 97, 106, 118, 136
Zitrone 14, 18, 25, 27, 36, 38, 42, 49, 61, 67, 68, 73, 80, 86, 88, 100, 103, 106, 112, 120, 132, 138
Zucchini 74, 88
Zwiebel 61

3. Auflage 2025

Originaltitel: Recettes à l'extracteur de jus

ISBN 978-3-8094-4476-3

produktsicherheit@penguinrandomhouse.de
(Vorstehende Angaben sind zugleich
Pflichtinformationen nach GPSR)

Fotografie: Amandine Honegger
Foodstyling: Sylvie Rost

Für die deutsche Ausgabe
Umschlaggestaltung: Atelier Versen, Bad Aibling
Herstellung: Elke Cramer
Projektleitung: Anja Halveland

Für die französische Ausgabe
Direction de la publication: Isabelle Jeuge-Maynart et Ghislaine Stora
Direction Éditoriale: Émilie Franc
Édition: Alice Dauphin
Couverture: Maëva Lebègue
Conception graphique: Anna Bardon et Lucile Jouret
Mise en page: Lucile Jouret
Informatique éditoriale: Philippe Cazabet
Fabrication: Donia Faiz

Realisierung der deutschen Ausgabe:
trans texas publishing services GmbH, Köln
Übersetzung: Wiebke Krabbe, Damlos
Satz: Satzwerk Huber, Germering
Druck: Print Consult GmbH, München

Printed in Slovakia

Penguin Random House Verlagsgruppe FSC® N001967

BANANE - POIRE